www.ingramcontent.com/pod-product-compliance
Lightning Source LLC
Chambersburg PA
CBHW060855220526
45466CB00003B/1382
* 9 7 8 1 6 5 1 4 2 7 9 1 0 *